Mon Carnet — de — *dessin*

www.ingramcontent.com/pod-product-compliance
Lightning Source LLC
Chambersburg PA
CBHW080549220526
45466CB00010B/3087
9781660733828